BEI GRIN MACHT SICH IHR WISSEN BEZAHLT

- Wir veröffentlichen Ihre Hausarbeit, Bachelor- und Masterarbeit

- Ihr eigenes eBook und Buch - weltweit in allen wichtigen Shops

- Verdienen Sie an jedem Verkauf

Jetzt bei www.GRIN.com hochladen und kostenlos publizieren

Bibliografische Information der Deutschen Nationalbibliothek:

Die Deutsche Bibliothek verzeichnet diese Publikation in der Deutschen Nationalbibliografie; detaillierte bibliografische Daten sind im Internet über http://dnb.d-nb.de/ abrufbar.

Dieses Werk sowie alle darin enthaltenen einzelnen Beiträge und Abbildungen sind urheberrechtlich geschützt. Jede Verwertung, die nicht ausdrücklich vom Urheberrechtsschutz zugelassen ist, bedarf der vorherigen Zustimmung des Verlages. Das gilt insbesondere für Vervielfältigungen, Bearbeitungen, Übersetzungen, Mikroverfilmungen, Auswertungen durch Datenbanken und für die Einspeicherung und Verarbeitung in elektronische Systeme. Alle Rechte, auch die des auszugsweisen Nachdrucks, der fotomechanischen Wiedergabe (einschließlich Mikrokopie) sowie der Auswertung durch Datenbanken oder ähnliche Einrichtungen, vorbehalten.

Impressum:

Copyright © 2018 GRIN Verlag
Druck und Bindung: Books on Demand GmbH, Norderstedt Germany
ISBN: 9783668828711

Dieses Buch bei GRIN:

https://www.grin.com/document/444892

Anonym

Die Durchführung von Harz IV und ihre Folgen

GRIN Verlag

GRIN - Your knowledge has value

Der GRIN Verlag publiziert seit 1998 wissenschaftliche Arbeiten von Studenten, Hochschullehrern und anderen Akademikern als eBook und gedrucktes Buch. Die Verlagswebsite www.grin.com ist die ideale Plattform zur Veröffentlichung von Hausarbeiten, Abschlussarbeiten, wissenschaftlichen Aufsätzen, Dissertationen und Fachbüchern.

Besuchen Sie uns im Internet:

http://www.grin.com/

http://www.facebook.com/grincom

http://www.twitter.com/grin_com

Inhaltsverzeichnis

Inhaltsverzeichnis 1

Einleitung 2

1. Agenda 2010 3

1.1. Anlässe zur Reformierung 3

1.2. Reformen in der Arbeitsmarktpolitik und die Modernisierungsmaßnahmen in den Dienstleistungen am Arbeitsmarkt 5

1.3. Hartz IV 6

2. Folgen der Hartz IV-Reformen 8

2.1. Pro- und Contra-Argumente für Harz-IV 8

3. Zusammenfassung 12

4. Quellen 13

Einleitung

Im Seminar „Der deutsche Sozialstaat- Geschichte und Struktur" habe ich über das Thema „Hartz IV und die Folgen" gehalten. Das Referat bestand aus zwei Teilen. In dem ersten Teil hat meine Referatspartnerin über die Zahlen und Fakten von Hartz IV berichtet. In dem zweiten Teil habe ich über den Ursprung von Hartz IV und die aktuellen Zustände in Pro und Contra dargestellt. Dabei habe ich von drei anonymen Interviews berichtet, die ich selbst durchgeführt habe. Die Interviews haben drei unterschiedlichen Blickwinkel demonstriert. Eine erfahrene Mitarbeiterin des JobCenters, eine alleinerziehende Mutter (Langzeitarbeitslose) und ein lediger junger Mann (Langzeitarbeitsloser) berichteten über ihre Erfahrungen mit Hartz IV. Anschließend haben wir mit unseren Seminarteilnehmern über die Vor- und Nachteile der Hartz IV-Reformen für die Gesellschaft diskutiert.

Diese Referatsausarbeitung konzentriert sich auf den Teilaspekt des Referats und beantwortet die Frage *„Was ist Hartz IV und was sind die Folgen von Harz IV-Reformen für die Gesellschaft in Deutschland?"*. Somit beschäftigt sich die Arbeit mit der Umstrukturierung des Arbeitsmarktes durch die Etablierung neuer Reformen in der Sozial- und Arbeitsmarktpolitik in Deutschland, ihre kurze Vorgeschichte und ihre Folgen für die Gesellschaft in Pro und Contra.

1. Agenda 2010

"*Wir können die Zukunft nicht dadurch sichern, dass wir unser Land als einen kollektiven Freizeitpark organisieren.*", so äußerte sich Helmut Kohl (CDU) im Oktober 1993 in seiner Regierungserklärung und kritisierte somit die von ihm behauptete Ausbeutung des Sozialstaates zur seiner Amtszeit.[1] Es waren also die ersten Anzeichen der Reformen in der Sozial- und Arbeitsmarktpolitik gegeben. Heute werden über die Folgen der Reformen aus dem Jahr 2005 in pro und contra debattiert. Obwohl die Arbeitslosenzahlen seit 10 Jahren stetig sinken, ist die Angst vor Arbeitslosigkeit verstärkter als je zuvor. Weil sie drastische Veränderungen auf dem Arbeitsmarkt verursacht haben, wird die Digitalisierung in Industrie und Handel, und die Etablierung von Hartz IV von den Existenzängsten der Erwerbsfähigen verantwortlich gehalten.[2]

"*Unsere Agenda 2010 enthält weitreichende Strukturreformen. Diese werden Deutschland bis zum Ende des Jahrzehnts bei Wohlstand und Arbeit wieder an die Spitze bringen. Dadurch werden die Gerechtigkeit zwischen den Generationen gesichert und die Fundamente unseres Gemeinwesens gestärkt.*" *(Gerhard Schröder, 14. März 2003, Deutscher Bundestag Berlin.)*[3]

Am 14. März 2003 verkündete der damalige Bundeskanzler Schröder die Agenda 2010, eine der größten Reformen der deutschen sozial- und Wirtschaftsordnung. Die Agenda setzte Ziele durch die Reformierung des Arbeitsmarktes, des Sozialsystems, des Steuersystems, der Energiewende, und der gesellschaftspolitischen Reformen. Deutschland sollte durch die Reformierungen die Herausforderungen der Globalisierung gewachsen sein, ein stärkeres Wirtschaftswachstum erzielen und das soziale System stabilisieren.[4]

1.1. Anlässe zur Reformierung

Die Probleme, die die Reformierung veranlasst haben, beruhen sich auf den wirtschaftlichen Problemen Anfang neunziger Jahre. Die Wiedervereinigung von Ost- und Westdeutschland kostete das Land allein durch die Vereinigung der Wirtschafts-, Sozial- und Währungsunion sehr viel Energie. Dies verursachte die Senkung des

---

[1] Vgl.: Zeit Online, (2010).
[2] Vgl.: ISI, (2010), S.2.
[3] Vgl.: Gerhard Schröder.
[4] Vgl.: Ebd.

Bruttosozialprodukts pro Person von 20000 DM auf 17700 DM. Zudem gab es die Industriekrise in Ostdeutschland, die innerhalb der DDR eine Arbeitslosigkeitswelle auslöste. Die schwache ostdeutsche Wirtschaftskonjunktur brach nach der Wiedervereinigung gänzlich zusammen. Von insgesamt 9,8 Millionen Arbeitnehmern aus der ehemaligen DDR waren insgesamt 7,3 Millionen arbeitslos. Nach der Wiedervereinigung konnte nur ein Viertel der Arbeitnehmer ihren Arbeitsplatz behalten. Die Kosten des Zusammenbruches wurden natürlich von Westdeutschland mitgetragen. Die Steuerzahlungen und Arbeitslosenversicherungen erhöhten sich drastisch. Zudem stieg im Jahr 1992 die Arbeitslosigkeit in Ostdeutschland auf 19,2 % und in Westdeutschland auf 10,2 % so, dass das Sozialversicherungssystem trotz der Beitragserhöhung stark belastet wurde.[5]

Die Reformversuche, sowie die Weiterbildungsmaßnahmen, die Strukturanpassungsmaßnahmen (sogenannte SAM) oder die Frühverrentung waren erfolglos. Die Situation verschärfte sich so dermaßen, dass der Bundesbankpräsident Pöhl in seinem Vortrag in Brüssel (1990) die Zustände als *drohende Katastrophe* beschrieb. Um die Krise finanzieren zu können, wurde ein Weg aus Sozialabgabenerhöhung und Verschuldung ausgewählt. So verschuldete sich der Staat zwischen 1989 und 1995 um 1184 Milliarden DM zusätzlich. Die Sozialversicherungsbeiträge erhöhten sich auf 40 % und die Zuschüsse an die Sozialkassen aus dem Bundeshaushalt verdoppelten sich auf 51 Milliarden Euro (1995).[6] Die steigenden Lohnnebenkosten wirkten sich auf die Arbeitslosenquote negativ aus. Die hohe Erwerbslosigkeit war wiederum ein Grund für die steigenden Lohnnebenkosten. Zudem die Sorge um den demographischen Wandel, dass die jungen Arbeitskräfte immer weniger werden, und dadurch der Sozialstaat nicht mehr bezahlbar wäre, waren andere Argumente für die Reformierung des Sozialsystems.[7]

Insgesamt war auch die Weltwirtschaft Anfang der 90´er Jahre wegen steigenden Ölpreisen und Terroranschlägen stark belastet. Die globale Verunsicherung der Märkte stellte einen zusätzlichen Belastungspunkt für Deutschland dar. Mit seinem BIP hatte Deutschland innerhalb Europas den schlechtesten Durchschnitt. Die Reformen waren dringend notwendig um diesen Abwärtstrend im Landesinneren, und im internationalen Markt zu stoppen und die Wirtschaft zu stabilisieren, so dass Deutschland wieder als ein wettbewerbsfähiges Land in der Internationalen Wirtschaft seinen Platz findet.[8]

---

[5] Vgl.: Hassel, A., Schiller, C. (2010), S.84-87.
[6] Vgl.: Ebd. S.88-90.
[7] Vgl.: NachDenkSeiten, (2013).
[8] Vgl.: BpB, (2005).

1.2. Reformen in der Arbeitsmarktpolitik und die Modernisierungsmaßnahmen in den Dienstleistungen am Arbeitsmarkt

Die Reformen befassen sich nicht nur mit formellen Änderungen, sondern auch die Moral für die Arbeit bzw. Arbeitslosigkeit wurde neu definiert. Der Grundsatz neuer Regelungen ist „Fördern und Fordern." Die Hilfeleistungen beruhen sich auf Gegenseitigkeit von Hilfeleistern und Hilfeempfängern. Alle Erwerbsfähigen ohne Arbeit werden vom Job-Center betreut. Die nötigen Ressourcen für die Wiederaufnahme einer Tätigkeit, auch das Arbeitslosengeld, wird nur zur Verfügung gestellt, wenn die Arbeitssuchenden sich für die Aufnahme einer Tätigkeit aktiv bemühen. Auch JobCenter ist um die Aktivierung ihrer Kunden bemüht, sodass sie schnellst möglich im Arbeitsmarkt integriert werden können. Somit dient Arbeitslosengeld II als nur eine Übergangslösung, als eine soziale Stütze, so dass die Arbeitsuchenden die Zeit ohne Arbeit gut überbrücken können. Neben Eigenaktivität der Kunden bietet das JobCenter auch die nötige Beratung, Hilfen und Absicherungen an. Mobilitätshilfen, Qualifizierungsmaßnahmen, Zeitarbeit oder Hilfen zu Selbständigkeit sind ein paar Beispiele davon. Die Mitarbeiter des JobCenters sind von der Entscheidung zuständig, für wem und wie die Budgets verbraucht werden.[9]

Die Gründung des JobCenters war für die Leistungsfähigkeit des Arbeitsamtes außerordentlich wichtig. Die vorgenommenen wirtschaftlichen Ziele sollten als Kernaufgabe effizient geleistet werden. Vollbeschäftigungspolitik, Aktivierungsmaßnahmen, Erhaltung und Entwicklung der Beschäftigungsfähigkeit sind ein Paar von diesen vorgesetzten Zielen.[10]

Um die Beschäftigungsquote positiv mitbewirken zu können, waren die Förderung der neuen Erwerbsformen nötig. Die privaten Arbeitsvermittler bekamen die Kooperation des Staates, sodass sie für das Ziel Vollbeschäftigung mitwirken können. So wurden die Vermittlungsunternehmen gefördert und bekamen einen erheblichen Marktanteil als je zuvor.[11]

Mit der Umwandlung vom Arbeitsamt zum JobCenter wurde die Doppelzuständigkeit zwischen Arbeitsamt und Sozialamt beendet. Die Arbeitslosenhilfeempfänger/innen und die Sozialhilfeempfänger/innen sind also ohne weiteres beim JobCenter als Kunde registriert. Auch die Hilfeleistungen beider Ämter wurden unter Hartz IV zusammengeführt.[12]

---

[9] Vgl.: Dr. Hartz., P. (2002), S. 37-51.
[10] Vgl.: Ebd. S. 55-61.
[11] Vgl: Ebd. S. 61-63.
[12] Vgl.: Ebd. S. 69.

Um die Vermittlungsprozesse zu beschleunigen, wurde ein neues Dienstleistungsmodell entworfen. Eine Clearingstelle betrachtet die individuelle Situation der Arbeitsuchenden und leitet sie an die zuständige Stelle des JobCenters weiter. Durch die Stabilisierung der persönlichen Situation der Arbeitsuchenden werden die Gründe der Arbeitslosigkeit beseitigt. Hierbei bekommen die Arbeitsuchenden amtliche und private Beratungsunterstützung, die sie für den Arbeitsmarkt vorbereitet. Dazu gehört auch die Überwältigung von persönlichen Hindernissen, sowie Schulden oder gesundheitlichen Problemen. Viele Privatunternehmen bieten dem JobCenter unterschiedliche Hilfsangebote, wie Bewerbungstrainee, psychologische Beratungen oder Aus-/Weiterbildungsmöglichkeiten.[13]

Nach den neuen Regelungen ist ein Arbeitnehmer verpflichtet, eine drohende Arbeitslosigkeit frühzeitig beim JobCenter anzumelden, und der Arbeitgeber verpflichtet sich rechtzeitig den Angestellten darüber zu informieren. Bei einer Vernachlässigung der Fristen drohen den Arbeitnehmern Sanktionen, wie Leistungskürzungen.[14]

Wenn eine/r Arbeitssuchende/r eine Beschäftigung ablehnt, werden ihre/seine Ablehnungsgründe nach Kriterien der neuen Zumutbarkeit geprüft. Die neue Zumutbarkeit ist der Standart, die für die Aufnahme einer Tätigkeit notwendig ist. Es werden geographische, materielle, funktionale und soziale Kriterien überprüft und festgestellt, ob die/der Arbeitssuchende/r die Tätigkeit übernehmen kann. Und wenn die Arbeit der/dem Arbeitsuchende/n zugemutet werden kann, ist sie/er verpflichtet die Arbeit anzunehmen. Ansonsten soll die betroffene Person beweisen, dass die Arbeit für sie/ihn nicht zumutbar ist. Durch die Eingliederungsvereinbarung werden die Regelungen wie Zumutbarkeit oder Integrationsmaßnahmen vorbestimmt und von die/der Arbeitssuchende/r unterschrieben. Bei der Nichteinhaltung dieser Vereinbarung soll die betroffene Person entweder freiwillig auf die Hilfeleistungen des JobCenters verzichten oder wird sanktioniert.[15] Mit der neuen Regelung der Sanktionen sind die Sperrzeiten in Leistungskürzungen umgewandelt worden.[16]

1.3. Hartz IV

Am 1. Januar 2005 wurde die Arbeitslosenhilfe und die Sozialhilfe für erwerbsfähige Hilfsbedürftige abgeschafft und unter Arbeitslosengeld II, also umgangssprachlich genannt unter Hartz IV, zusammengeführt. Hartz IV bekommt seinen Namen von Dr. Peter

---

[13] Vgl.: Ebd. S. 73-78.
[14] Vgl.: Ebd. S. 82-84.
[15] Vgl.: Ebd. S. 93-96.
[16] Vgl.: Ebd. S. 100.

Hartz, der die Leitung der Reformkommission für die Arbeitsmarktreformen der Agenda 2010 übernahm. Die Hartz I-III bestehen aus den Reformschritten, die mit der Etablierung von Hartz IV vervollständigt waren. Durch Hartz I wurden im Jahre 2003 die Dienstleitungen am Arbeitsmarkt modernisiert und die Zeitarbeit stark unterstützt. Es wurden Gutscheine eingeführt, womit die Arbeitssuchenden die nötige Förderung für ihre Weiterbildung bekommen können. Über die Berechtigung eines Bildungsgutscheines entscheidet der zuständige Arbeitsvermittler des JobCenters. Mit Hartz II wurden die Wege zur Selbstständigkeit „Ich-AG" einfacher gemacht, und neue Erwerbsformen sowie Minijobs eingeführt. Hartz III ist die Reformphase, in dem die Bundesanstalt für Arbeit umstrukturiert wurde, um die Effektivität der Betreuung, die Kundenorientierung und die Abläufe der Verwaltung zu verbessern.[17]

Nach Hartz IV-Regelungen sind alle Erwachsenen zwischen 15 bis 65 Jahren, die Erwerbsfähig sind und mindestens drei Stunden täglich eine Arbeit übernehmen können, Hartz IV berechtigt. Die Leistungen werden je nach Bedarfgemeinschaft individuell zusammengestellt. Der Regelsatz beträgt 416 Euro und ist aus folgenden Einheiten zusammengestellt:

- Nahrungsmittel, alkoholfreie Getränke 145,04 Euro
- Freizeit, Unterhaltung, Kultur 39,91 Euro
- Nachrichtenübermittlung 37,20 Euro
- Wohnen, Energie, Wohninstandhaltung 36,89 Euro
- Bekleidung, Schuhe 36,45 Euro
- Verkehr 34,66 Euro
- Andere Waren und Dienstleistungen 32,99 Euro
- Haushaltsgeräte und Gegenstände 25,64 Euro
- Gesundheitspflege 15,80 Euro
- Beherbergungs- und Gaststättendienstleistungen 10,35 Euro
- Bildung 1,06 Euro

Für die Mietzahlungen ist die maximale Größe pro Person und der maximale Preis pro Quadratmeter unter „angemessene Unterkunft" vorbestimmt. Diese Zahlungsgrenzen variieren je nach Mietpreisen des Leistungsortes. Das JobCenter leistet auch andere Hilfen, wie Unterstützungen bei Umzügen, bei der Erstausstattung einer Wohnung, oder die Bildung- und Teilhabeleistungen für die Schulkinder. In jedem Fall ist das Existenzminimum

---

[17] Arbeitslosengeld 2.

der Leistungsbezieher im Focus. So wie das o.g. Rechnungsbeispiel zeigt, sind die Zahlungen relativ sparsam und minimalistisch geregelt. Dies zeigt auch, dass der Leistungsbezug nur als Überganslösung zusammengerechnet ist, um die notwendigen Bedürfnisse der Leistungsbezieher zu befriedigen.[18]

2. Folgen der Hartz IV-Reformen

Im Februar 2018 bekamen 5,95 Millionen Menschen Hartz IV. Darunter sind 4,62 Millionen Menschen als erwerbsfähig registriert. Die zwei Drittel von dieser Zahl waren Leistungsempfänger/innen, obwohl sie bereits einen Job hatten. Diese sind meist Menschen, die in Teilzeit-, Minijob...usw. tätig sind oder in einer Bildungsmaßnahme des JobCenters teilgenommen haben.[19]

Seit 13 Jahren ist Hartz IV eine heiße Debatte, so dass die Presse mindestens einmal die Woche über Hartz IV berichtet. Die Reformgegner haben Internetplattformen, wie „Gegen Hartz", eigerichtet und diskutieren über die Nachteile der Hartz IV-Reformen. Es gibt auch viele Befürworter, die Hartz IV als Erfolgsrezept ansehen. In dem folgenden Abschnitt ist ein Blick auf die Pro- und Contra-Debatte geworfen.

2.1. Pro- und Contra-Argumente für Harz-IV

- Pro-Argument: Dank Reformen ist die Arbeitslosenquote stark gesunken.

Eines der wichtigsten Pro-Argumente für Hartz IV ist, dass die Zahlen der Arbeitslosen seit 2007 stetig gesunken sind. Im Juni 2018 waren 2,276 Millionen Menschen arbeitslos gemeldet. Die Arbeitslosenquote vom Juni 2018 ist bisher der niedrigste Wert seit der Wiedervereinigung und relativ nah an dem Zielwert der Agenda 2010-Reformen.[20] Die Arbeitslosigkeit war bereits im Jahr 2007 stark zurückgegangen. Mit der Etablierung der Hartz IV und die Arbeitsmarktreformen begann der Rückgang. Die Zahl der Arbeitslosen in Deutschland war im Jahr 2005 knapp 4,9 Millionen. Im Jahr 2007 ist die Zahl auf 3,776 Millionen gesunken.[21]

---

[18] Hartz IV (2018).
[19] Vgl: Welt Online (25.03.2018).
[20] Vgl.: Tagesschau (29.06.2018).
[21] Vgl.: Welt Online, (03.01.2008).

➔ Contra-Argument: „*Die Arbeitslosenquote ist manipuliert.*"[22] *(Die Linke, 2018)*
Die Partei „Die Linke" berichtet auf ihrer Homepage im Juli 2018, dass die aktuellen Arbeitslosenzahlen nicht 2,3 Millionen sind, sondern 3,2 Millionen und die nicht berücksichtigte Anzahl der Arbeitslosen nahmen sie als einen Manipulationsversuch an. Es sind 910.125 Arbeitslose, die nicht in die Arbeitslosenzahl eingetragen sind, weil sie sich in den Maßnahmen des JobCenters befinden, älter als 58, als krankgemeldet oder schwer vermittelbar sind.[23] Mit der Arbeitslosenzahl von 3,2 Millionen ist die Quote des Jahres 2005 nicht einmal halbiert. Jedoch ein Rückgang der Arbeitslosenzahl um 1,7 Millionen ist trotzdem erzielt worden.

- Pro-Argument: Die Arbeitslosen werden besser betreut.

Hartz IV soll auch durch die Modernisierung seiner Dienstleistungen bessere Betreuung anbieten als je zuvor. Früher waren die Arbeitslosen verteilt oder doppelt eingetragen (innerhalb einer Bedarfsgemeinschaft) bei unterschiedlichen Ämtern. Die Hartz IV-Reformen haben gezielt die erwerbsfähigen Leistungsbezieher zusammengefügt, um sie dann innerhalb des JobCenters individuell beraten zu können. Zudem bekommen die Arbeitsuchenden Leistungen und Beratungsangebote, die sie bei den Sozialhilfestellen nicht bekommen haben.[24]

➔ Contra-Argument: Die Betreuung- und Verwaltungskosten sind auf dem Rekordniveau.
Die Betreuungskosten erreichten im Jahr 2014 eine immense Größe. Die Verwaltungs- und Betreuungskosten sind im Jahr 2014 auf 4,7 Milliarden Euro gestiegen. Zudem ist die Qualität der Betreuung durch die hohe Betreuungsquote pro Mitarbeiter stark eingeschränkt. Durch die ungleichmäßige Verteilung der Betreuungsquote sind die JobCenter unterschiedlich belastet. In Flensburg betreut ein Mitarbeiter 153 Kunden, wobei in Coburg 73 Kunden von einem Mitarbeiter betreut werden.[25]

---

[22] Vgl.: Die Linke, (2018).
[23] Vgl.: Ebd.
[24] Vgl.: Die Welt, (15.08.2004)
[25] Vgl.: Focus Online, (27.04.2015).

➔ Contra-Argument: *„Wie Jobcenter-Mitarbeiter vom Leid der Hartz-IV-Empfänger profitieren." (Böhnke, T., 12.01.2018)*
Die JobCenter-Mitarbeiter werden durch die Lohnzuschüsse belohnt bzw. motiviert. Sobald ein/er Arbeitssuchende/r weitervermittelt wird, leistet das in das Konto des zuständigen JobCenter-Mitarbeiters Bonität. Die Weitervermittlung kann die Aufnahme einer Erwerbstätigkeit, Weiterbildungsmaßnahme oder eines Kurses sein. Somit sind die Mitarbeiter des JobCenters eher daran interessiert, ihre Kunden weiterzuvermitteln, ohne zu überlegen, ob die Maßnahme wirklich nötig war. Dies Bedeutet, dass es ein „Maßnahmensektor" innerhalb des JobCenters entsteht und die Privatanbieter davon stark profitieren. Die Steuerzahler und die Arbeitsuchenden werden mit der finanziellen und emotionalen Belastung dieser Beschäftigungsmaßnahmen konfrontiert. Allein im Jahr 2016 kosteten diese Maßnahmen den Steuerzahler 773 Millionen Euro.[26]

- Pro-Argument: Durch Existenzsicherung wird der Arbeitsanreiz gesteigert.

Die Arbeitslosenhilfe basierte sich auf den Nettoeinkommen der Empfänger. Dadurch wurden auch die sozialen Ungleichheiten zwischen Geringverdienern und Gutverdienern. Hierzu war auch die Motivation von der Wiederaufnahme einer neuen Tätigkeit und der Höhe des Arbeitslosengeldes abhängig. Dies führte auch dazu, dass die Arbeitslosenhilfeempfänger/innen die zwei Jahre, die ihnen zustehen, mit Absicht vollständig in Anspruch nahmen. Durch den Leistungsbezug von Hartz IV werden alle Empfänger/innen einerseits finanziell gleichgestellt und andererseits so am Existenzminimum gehalten, sodass die Betroffenen gezwungen sind schnellst möglich ins Erwerbsleben zurückzukehren. Somit ist es auch zu erwarten, dass die Langzeitarbeitslosigkeit eingedämmt wird.[27] Aktuell äußerte sich Jens Spahn (CDU-Gesundheitsministerium) zu Hartz IV *„Hartz IV bedeutet nicht Armut, sondern ist die Antwort unserer Solidargemeinschaft auf Armut. Mit Hartz IV hat jeder das, was er zum Leben braucht."*[28]

➔ Contra-Argument: Existenzsicherungsprinzip befestigt Armut, zwingt die Langzeitarbeitslosen und dessen Kinder in prekären Lebensverhältnissen zu leben und verstärkt die Schwarzarbeit.

---

[26] Vgl.: Böhnke, T., (12.01.2018)
[27] Vgl.: Die Welt, (15.08.2004)
[28] Vgl.: Focus Online, (10.03.2018)

Durch das Existenzsicherungsprinzip leben heute knapp 2 Millionen Kinder in Armut. Durch die soziale Ungleichheit sind die Kinder in ihren Bildungschancen stark benachteiligt. Das Phänomen, dass die Armut vererbt wird, wird hier zum Schicksal vieler Jugendlichen. Zudem wird das Kindergeld und die Taschengelder bis zu 50 Euro als Einkommen zu den Hilfeleistungen von Hartz IV angerechnet. Aus diesem Grund sind die Kinder und Jugendlichen dazu gezwungen, die Armut als eine Art von „Aktivierungsmaßnahme" ihrer Eltern über sich ergehen zu lassen.[29] Je länger die Leistungsbezieher arbeitslos sind, desto länger leiden ihre Kinder unter der Hartz IV-Armut. Die nachhaltige Integration der Hartz IV-Empfänger/innen bleibt schwierig. Vergleicht man die Definitionen der beiden Begriffe Langzeitarbeitslosigkeit und Langzeitbezieher, wird deutlich, dass die Definition der Langzeitbezieher die Situation eigentlich genauer darstellt. Die Langzeitarbeitslosigkeit beschreibt nur die Erwerbsfähigen, die ein Jahr und länger durchgehend arbeitslos waren. Der Begriff Langzeitbezieher umfasst dagegen die erwerbsfähigen Hartz IV-Empfänger/innen, die mindestens 21 Monate in den letzten 24 Monaten hilfebedürftig waren, wobei diese in zwei Kategorien aufgeteilt werden: Die Langzeitbezieher, bei denen die Arbeitslosigkeit aktuell nicht vorliegen muss und die Langzeitbezieher die aktuell Hartz IV beziehen. Betrachtet man beispielsweise die Arbeitslosenzahlen der Jahre 2017, merkt man schnell, dass die Langzeitarbeitslosigkeit immer noch ein erheblicher Anteil der Arbeitslosenzahl ist. Im Jahr 2017 bezogen von 4,4 Millionen erwerbsfähigen Leistungsberechtigten Hartz IV und darunter waren 2,7 Millionen (63 %) Langzeitbezieher, bei denen die Arbeitslosigkeit aktuell nicht vorliegen muss und 1,8 Millionen (41 %) erwerbsfähige Hartz IV-Empfänger/innen, die über 4 Jahre und länger arbeitslos waren. Die Zahlen zeigen, dass eine befestigte Gruppe von Hartz IV-Empfänger/innen besondere Schwierigkeiten haben um in das Erwerbsleben wieder integriert zu werden.[30] Auch wenn die Hartz IV-Empfänger/innen einen Minijob übernehmen würden, so dass sie aus der prekären Situation herauskommen können, werden ihre Leistungen stark gekürzt. Die Hartz IV-Empfänger/innen dürfen 15 % der Einnahmen bis zu 400 Euro, nur 30 % der Einnahmen zwischen 401 und 900 Euro und 15 % der Einnahmen zwischen 901 und 1500 Euro aus ihrem Zusatzverdienst behalten.[31] Aus dieser Situationsheraus ist es auch unvermeidlich, dass viele Hartz IV-Empfänger/innen sich als Lösungsweg Schwarzarbeit auswählen.

---

[29] Vgl.: Ökologiepolitik (29.11.2017)
[30] Vgl.: DGB, (2018).
[31] Vgl.: Die Welt, (15.08.2004).

Neben der finanziellen Benachteiligung haben die Wissenschaftler belegt, dass die Leistungsempfänger stark unter dem psychischen Druck und gesellschaftlicher Stigmatisierung leiden.[32]

3. Zusammenfassung

Durch die Harz IV Reformen signalisiert der Sozialstaat in Deutschland, dass Menschen immer mehr Eigenverantwortung für ihr Erwerbsleben tragen müssen. Die neuen Generationen können ihre Bildung an den Fachkräftemangel anpassen um ein eigenständiges Leben ohne die Unterstützung des Staates zu führen. Doch die Generation, die die technischen Entwicklungen in ihrer Bildungslaufbahn wegen ihrem Geburtsjahr verpasst haben, Bastelbiografien besitzen, sozial Benachteiligt - z.B. Harz IV Kinder – waren/sind, zu alt für die Weiterbildungsmaßnahmen sind, oder bald durch die Digitalisierung der Arbeit ihren Arbeitsplatz verlieren werden, sind mit Hartz IV konfrontiert. Die finanzielle und soziale Schere zwischen Arm und Reich wird durch Harz IV Reformen enorm vergrößert. Obwohl immer mehr Geld für die Integration der Arbeitslosen in das Erwerbsleben ausgegeben wird, bleiben die Langzeitbezieher weiterhin abhängig von Hilfeleistungen und sind ärmer als je zuvor. Ein erheblicher Teil der Steuerzahler reagieren gereizt auf die Empfänger. Die Hartz-IV-Empfänger erleben Stigmatisation und je länger sie Hartz IV beziehen, desto tiefer stehen sie in der Sackgasse der Arbeitslosigkeit und Armut. Um die Situation zu entschärfen, müssen die Langzeitbezieher aus dieser Sackgasse herausgeholt werden. Außerdem wie und welche Hilfen bzw. Maßnahmen dazu nötig sind, sollten sowie das eigentliche Vorhaben der Reformen transparent und effizient verlaufen. Die Beschäftigungsmaßnahmen, die die Sozialkasse sinnlos belasten und den Leistungsempfängern nicht weiterhelfen, gehören abgeschafft. Es müssen Räume und Gelegenheiten geschafft werden, um eine öffentliche Diskussion über Langzeitarbeitslose bzw. Langzeitbezieher zu starten um die Hintergründe genauer erforschen zu können.

---

[32] Vgl.: Focus Online (08.08.2013).

4. Quellen

Bücher

Hegelich, S., Knollmann, D., Kuhlmann, J., (2011): Agenda 2010. Strategien, Entscheidungen, Konsequenzen. 1. Aufl., Springer Fachmedien Wiesbaden GmbH.

Hassel, A., Schiller, C. (2010): Der Fall Hartz IV. Wie es Zur Agenda 2010 kam. Campus Verlag GmbH.

Internetquellen

Arbeitslosengeld 2: Hartz 1 bis Hartz 4 kurze Geschichte der Hartz-Gesetze. URL: http://www.arbeitslosengeld-2.de/2009/03/hartz1-bis-hartz4-kurze-geschichte-der-hartz-gesetze/ [Stand 03.08.2018]

BpB, (2005): Die Agenda 2010: Eine wirtschaftspolitische Bilanz. URL: http://www.bpb.de/apuz/28920/die-agenda-2010-eine-wirtschaftspolitische-bilanz?p=all [Stand 03.08.2018]

Böhnke, T., (12.01.2018): Wie Jobcenter-Mitarbeiter vom Leid der Hartz-IV-Empfänger profitieren. URL: https://www.huffingtonpost.de/entry/hartz-iv-jobcenter-gier-sanktionen_de_5a54e1fee4b01e1a4b19f87c [Stand 06.08.2018]

Dr. Hartz., P. (2002): Moderne Dienstleistungen am Arbeitsmarkt. Vorschläge der Kommission zum Abbau der Arbeitslosigkeit und zur Umstrukturierung der Bundesanstalt für Arbeit. URL: https://www.bmas.de/DE/Service/Medien/Publikationen/moderne-dienstleistungen-am-arbeitsmarkt.html [Stand 03.08.2018]

Die Welt online(25.03.2018): So viele Menschen bezogen in den vergangenen Jahren Hartz IV. URL: https://www.welt.de/politik/deutschland/article174872716/Grundsicherung-So-viele-Menschen-bezogen-in-den-vergangenen-Jahren-Hartz-IV.html [Stand 03.08.2018]

Die Welt online (15.08.2004): Sieben gute Gründe für Hartz IV- Reformpaket.
Zeit Online, (2010): Politiker und ihre umstrittenen Äußerungen zum Sozialstaat. URL: https://www.zeit.de/politik/deutschland/2010-02/zitate-hartz. [Stand 17.05.2018]

Die Welt Online (03.01.2008): Arbeitslosigkeit 2007 so stark wie nie gesunken. URL: https://www.welt.de/wirtschaft/article1512557/Arbeitslosigkeit-2007-so-stark-wie-nie-gesunken.html [Stand 03.08.2018]

Die Linke (2018): Tatsächliche Arbeitslosigkeit. URL: https://www.die-linke.de/themen/arbeit/tatsaechliche-arbeitslosigkeit/2018/ [Stand 03.08.2018]

DGB, (2018): Aktionsprogramm gegen Perspektivlosigkeit erforderlich. URL: http://www.dgb.de/themen/++co++ae7536a4-05d0-11e8-839b-52540088cada [Stand 03.08.2018]

Focus Online, (27.04.2015): Betreuung von Hartz-IV-Empfängern so teuer wie nie. URL: https://www.focus.de/finanzen/news/arbeitslosengeld/hartz/verwaltungskosten-auf-rekordhoch-betreuung-von-hartz-iv-empfaengern-so-teuer-wie-nie_id_4640873.html [Stand 03.08.2018]

Focus Online, (10.03.2018): „Hartz IV bedeutet nicht Armut": Jens Spahn provoziert mit Aussage GroKo-Streit. URL: https://www.focus.de/politik/deutschland/hartz-iv-bedeutet-nicht-armut-sondern-mit-provokanter-hartz-iv-aussage-jens-spahn-loest-ersten-groko-streit-aus_id_8592089.html [Stand 03.08.2018]

Focus Online (08.08.2013): Forscher: Hartz IV wirkt für Betroffene wie ein Stigma. URL: https://www.focus.de/finanzen/recht/verbraucher-forscher-hartz-iv-wirkt-fuer-betroffene-wie-ein-stigma_aid_1065981.html [Stand 03.08.2018]

Gerhard Schröder: Agenda 2010. URL: http://gerhard-schroeder.de/startseite/reformen/ [Stand 02.08.2018]

Hartz IV (2018): Hartz IV Hilfe und Tipps. URL: https://www.hartziv.org/ [Stand 03.08.2018]

ISI, (2010): Zunehmende Angst vor Jobverlust trotz gleichbleibender Beschäftigungsstabilität. URL: https://www.gesis.org/fileadmin/upload/forschung/publikationen/zeitschriften/isi/isi-44.pdf. [Stand 17.05.2018]

NachDenkSeiten, (2013): Die Agenda 2010 – Begründung und Legitimationsbasis für eine unsoziale Politik. URL: https://www.nachdenkseiten.de/?p=16494 [Stand: 02.08.2018]

Ökologiepolitik (29.11.2017): Hartz IV und Kindergeld – wie soziale Ungleichheiten verstärkt werden. URL: https://www.oekologiepolitik.de/2017/11/29/hartz-iv-und-kindergeld-wie-soziale-ungleichheiten-verstaerkt-werden/ [Stand 03.08.2018]

Tagesschau (29.06.2018): Niedrigster Wert seit der Wiedervereinigung. URL: https://www.tagesschau.de/wirtschaft/arbeitslosigkeit-statistik-103.html [Stand 03.08.2018]

BEI GRIN MACHT SICH IHR WISSEN BEZAHLT

- Wir veröffentlichen Ihre Hausarbeit, Bachelor- und Masterarbeit

- Ihr eigenes eBook und Buch - weltweit in allen wichtigen Shops

- Verdienen Sie an jedem Verkauf

Jetzt bei www.GRIN.com hochladen und kostenlos publizieren